Impressum
Verlag: BABADADA GmbH, Nedderfeld 112 , 22529 Hamburg
Geschäftsführer / Verlagsleitung: Harald Hof
Druck: Books on Demand GmbH, In de Tarpen 42, 22848 Norderstedt

Imprint
Publisher: BABADADA GmbH, Nedderfeld 112 , 22529 Hamburg, Germany
Managing Director / Publishing direction: Harald Hof
Print: Books on Demand GmbH, In de Tarpen 42, 22848 Norderstedt

la escuela
escola

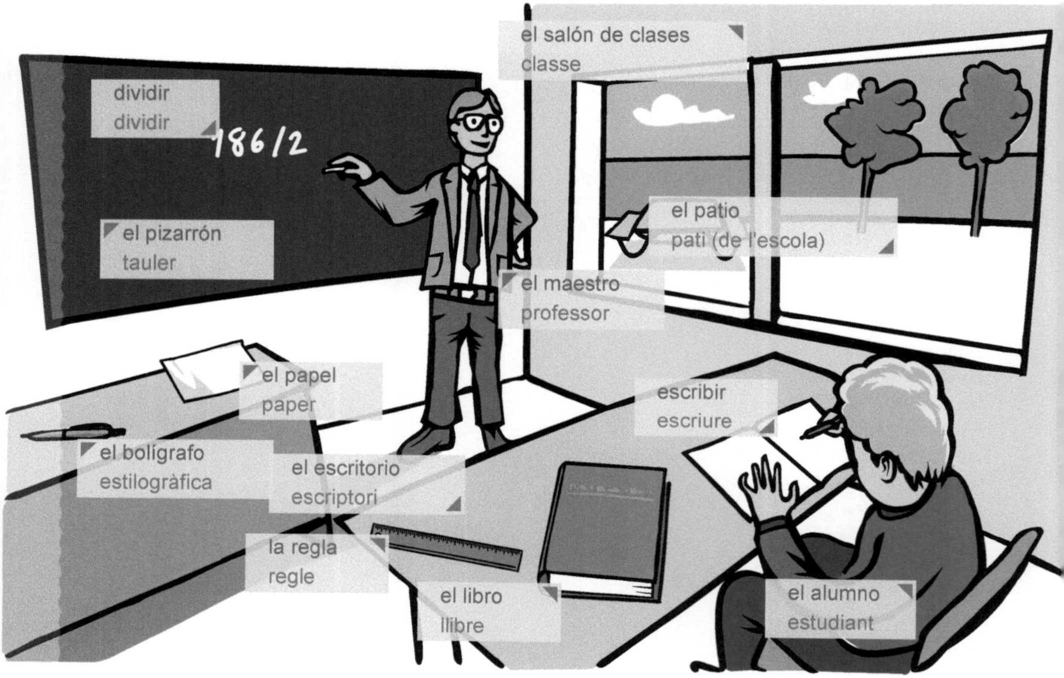

el salón de clases
classe
dividir
dividir
186/2
el pizarrón
tauler
el patio
pati (de l'escola)
el maestro
professor
el papel
paper
escribir
escriure
el bolígrafo
estilogràfica
el escritorio
escriptori
la regla
regle
el libro
llibre
el alumno
estudiant

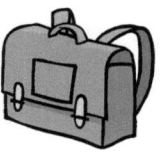

la mochila

bossa

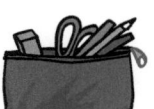

la caja de lápices

estoig

el lápiz

llapis

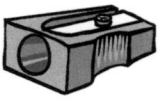

el sacapuntas

maquineta de fer punta

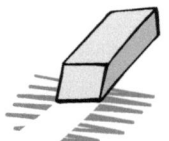

la goma de borrar

goma

el bloc de dibujo

bloc de dibuix

el dibujo

dibuix

el pincel

pinzell

la caja de lápices de color

capsa de pintures

las tijeras

tisores

el pegamento

cola

el libro de ejercicios

quadern d'exercicis

la tarea

deures

el número

nombre

sumar

afegir

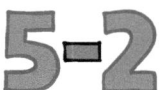

restar

sostreure

multiplicar

multiplicar

calcular

calcular

la letra

lletra

el alfabeto

alfabet

la palabra

mot

el texto

text

leer

llegir

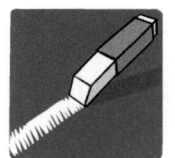

la tiza

guix

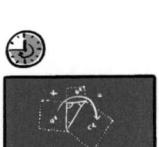

la lección

lliçó

el cuaderno de clase

llibre de classe

el examen

examen

el certificado

certificat

el uniforme

uniforme escolar

la educación

formació

la enciclopedia

enciclopèdia

la universidad

universitat

el microscopio

microscopi

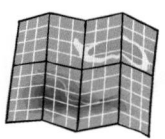

el mapa

mapa

el bote de basura

paperera

el viaje
viatge

el hotel
hotel
Grand
el hostel
alberg
ROOMS
la casa de cambio
oficina de canvi
la maleta
maleta
el carro
automòbil

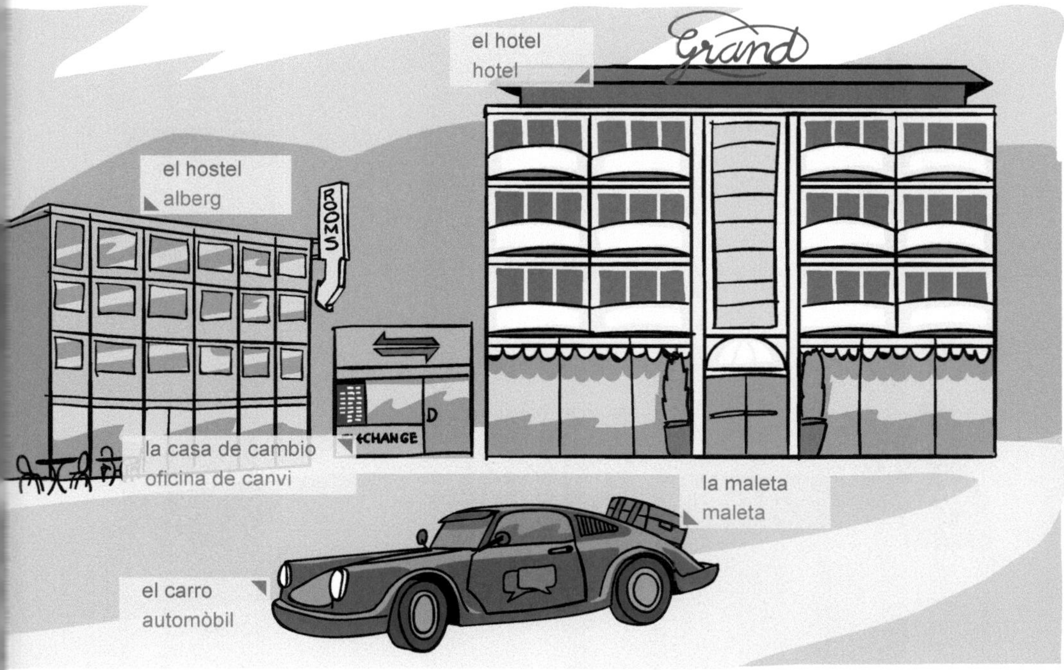

el idioma
llengua

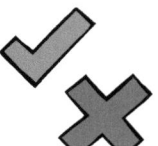

sí / no
sí / no

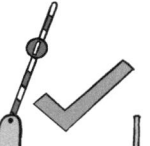

Órale
D'acord

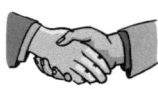

hola
Ey!

el traductor
traductora

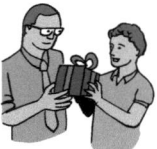

Gracias
gràcies

¿cuánto cuesta…?

Quant costa… ?

No entiendo

No entenc

el problema

problema

¡Buenas tardes!

Bona nit!

¡Buenos días!

bon dia!

¡Buenas noches!

bona nit!

adiós

fins aviat

la dirección

direcció

el equipaje

bagatge

la bolsa

bossa

la mochila

sarrona

el invitado

convidat

la recámara

cambra

la bolsa de dormir

sac de dormir

la tienda de campaña

tenda

la información turística

oficina de turisme

la playa

platja

la tarjeta de crédito

carta de crèdit

el desayuno

esmorzar

el almuerzo

dinar

la cena

sopar

el billete

bitllet

el ascensor

ascensor

el sello

segell

la frontera

frontera

la aduana

duana

la embajada

ambaixada

la visa

visat

el pasaporte

passaport

el transporte
transport

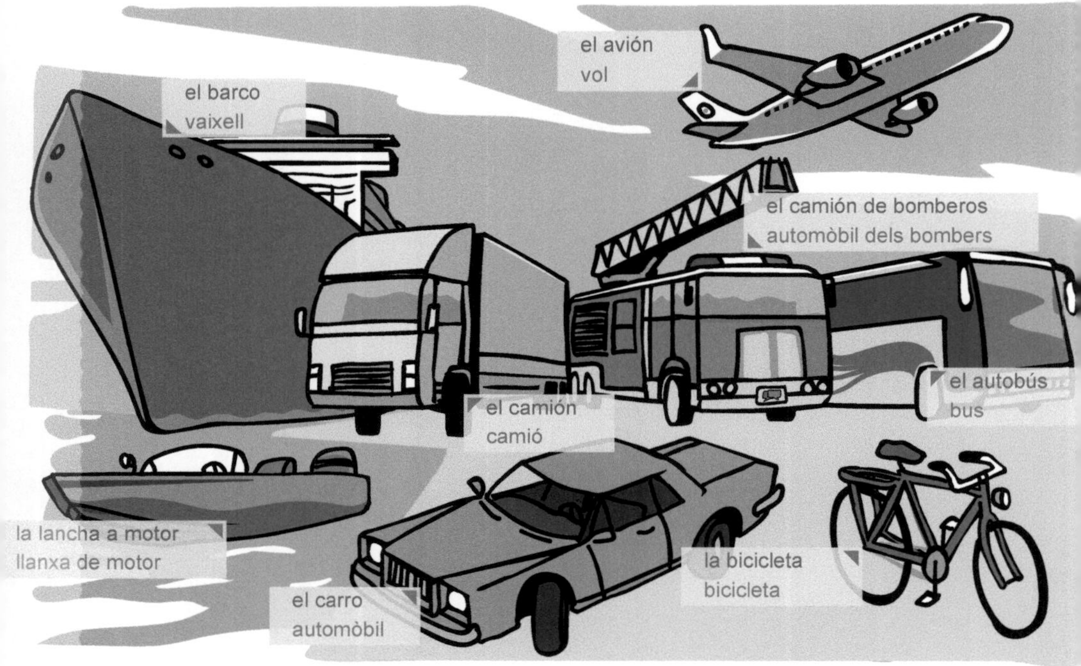
el avión
vol
el barco
vaixell
el camión de bomberos
automòbil dels bombers
el autobús
bus
el camión
camió
la lancha a motor
llanxa de motor
la bicicleta
bicicleta
el carro
automòbil

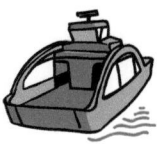

el ferry
transbordador

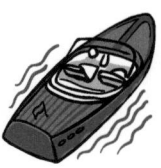

el bote
barca

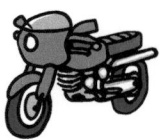

la motocicleta
moto

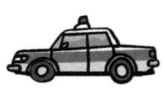

la patrulla
automòbil de policia

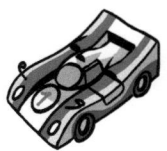

el coche de carreras
automòbil de curses

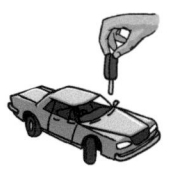

el auto para rentar
automòbil de lloguer

la renta de autos

vehicle compartit

la grúa

grua

el camión recolector de basura

camió de les escombraries

el motor

motor

la gasolina

benzina

la gasolinera

benzineria

la señal de tráfico

senyal de trànsit

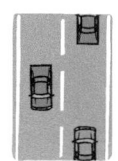

el tránsito

trànsit

el embotellamiento

embús

el aparcamiento

aparcament

la estación de tren

estació de trens

las vías

vies

el tren

tren

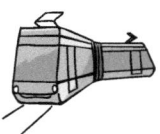

el tranvía

tramvia

el vagón

vagó

el helicóptero

helicòpter

el aeropuerto

aeroport

la torre

torre

el pasajero

passatger

el contenedor

contenidor

la caja de cartón

capsa de cartó

la carretilla

carretó

la cesta

cistella

despegar / aterrizar

enlairar-se / aterrar

la ciudad

ciutat

el pueblo

poble

el centro de la ciudad

centre de la ciutat

la casa

casa

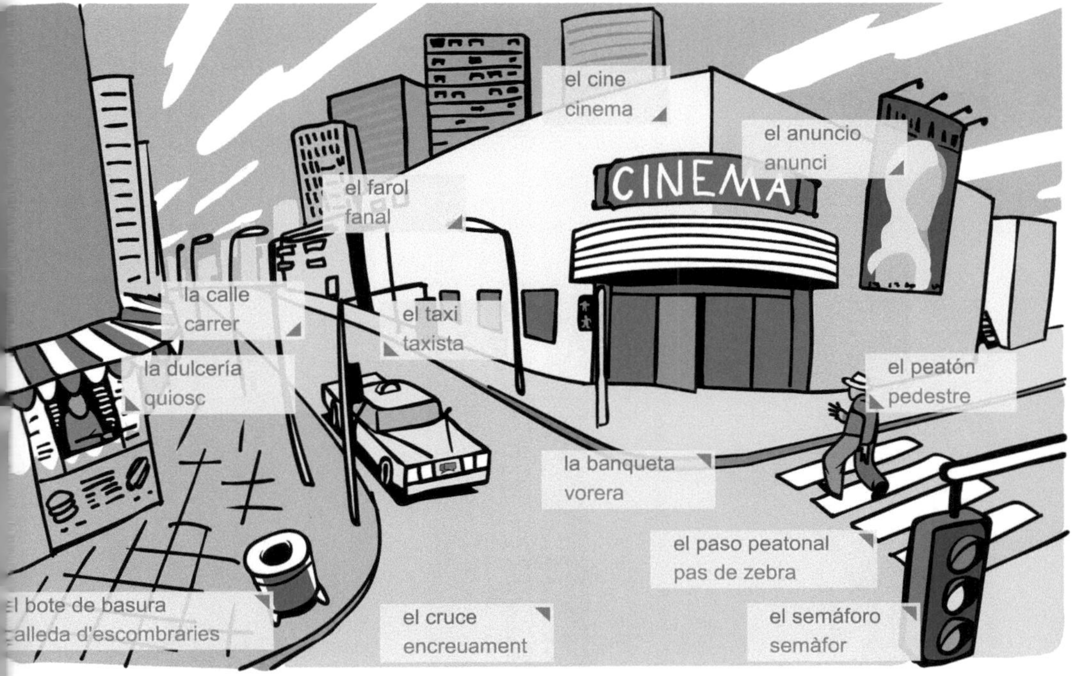

el cine
cinema

el anuncio
anunci

el farol
fanal

la calle
carrer

el taxi
taxista

la dulcería
quiosc

el peatón
pedestre

la banqueta
vorera

el paso peatonal
pas de zebra

el bote de basura
galleda d'escombraries

el cruce
encreuament

el semáforo
semàfor

la cabaña
cabana

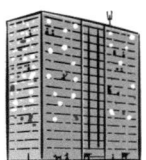

el apartamento
apartament

la estación de tren
estació de trens

el ayuntamiento
casa de la vila-ciutat

el museo
museu

la escuela
escola

la universidad

universitat

el banco

banca

el hospital

hospital

el hotel

hotel

la farmacia

farmàcia

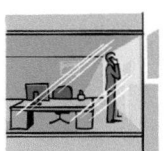

la oficina

oficina

la librería

llibreria

la tienda

botiga

la florería

floristeria

el supermercado

supermercat

el mercado

mercat

las grandes tiendas

gran magatzem

la pescadería

peixateria

el centro comercial

centre comercial

el puerto

port

el parque

parc

el banco

banc

el puente

pont

las escaleras

escala

el metro

metro

el túnel

túnel

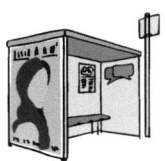

la parada de autobús

parada d'autobús

el bar

bar

el restaurante

restaurant

el buzón

bústia de correu

el letrero

senyal indicador

el parquímetro

parquímetre

el zoológico

zoo

la alberca

piscina

la mezquita

mesquita

la ciudad - ciutat

la granja

granja

la contaminación

pol·lució

el cementerio

cementiri

la iglesia

església

el área de niños

parc infantil

el templo

temple

el paisaje
paisatge

la hoja
fulla

la señal
cartell indicador

el camino
camí

la pradera
prat

el caminante
excursionista

la piedra
pedra

el árbol
arbre

el río
riu

el pasto
gespa

la flor
flor

el valle

vall

la montaña

muntanya

el lago

llac

el bosque

bosc

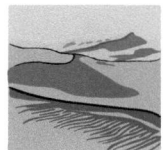

el desierto

desert

el volcán

volcà

el castillo

castell

el arco iris

arc de Sant Martí

el champiñón

bolet

la palmera

palmera

el mosquito

moscard

la mosca

mosca

la hormiga

formiga

la abeja

abella

la araña

aranya

el escarabajo

escarabat

la rana

granota

la ardilla

esquirol

el erizo

eriçó

la liebre

llebre

la lechuza

òliba

el pájaro

ocell

el cisne

cigne

el jabalí

senglar

el ciervo

cervo

el alce

ant

el embalse

presa

la turbina eólica

turbina

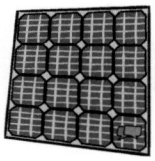

el panel solar

panell solar

el clima

clima

el restaurante
restaurant

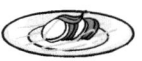

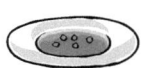

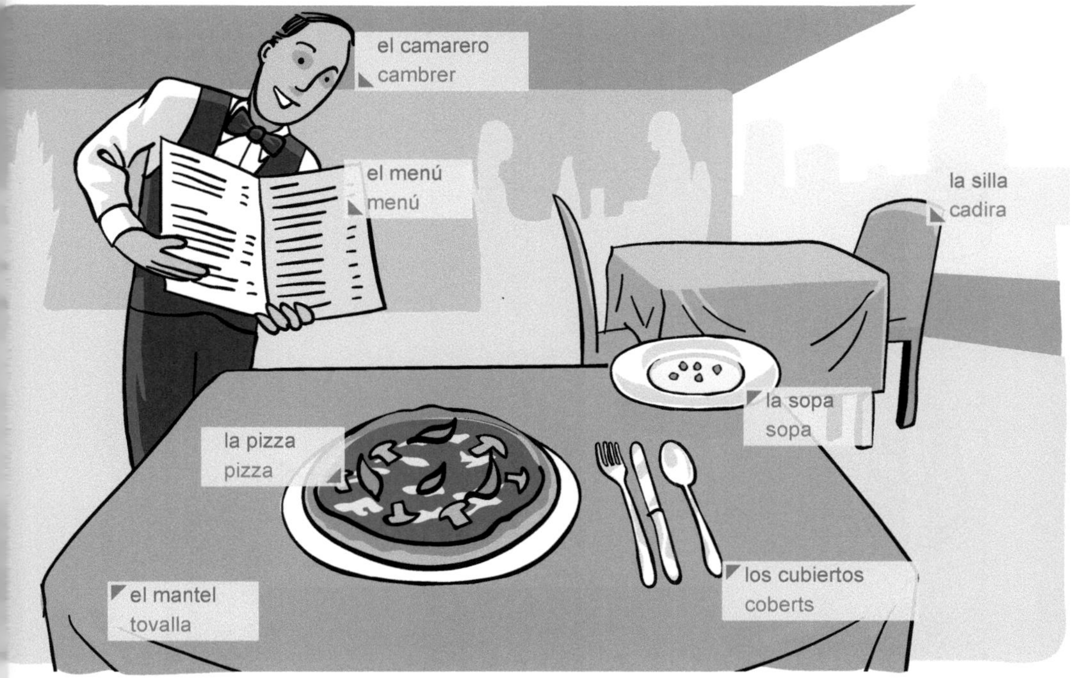
el camarero
cambrer
el menú
menú
la silla
cadira
la sopa
sopa
la pizza
pizza
los cubiertos
coberts
el mantel
tovalla

la entrada
....
primer plat

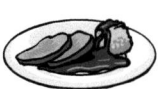

el plato fuerte
....
plat principal

el postre
....
darreries

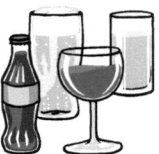

las bebidas
....
begudes

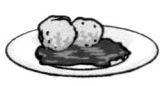

la comida
....
menjar

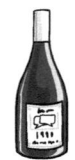

la botella
....
ampolla

la comida rápida

menjar ràpid

la comida de la calle

menjar de carrer

la tetera

tetera

la azucarera

sucrer

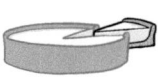

la porción

porció

la cafetera espresso

màquina d'espresso

la periquera

trona

la cuenta

factura

la charola

plata

el cuchillo

ganivet

el tenedor

forqueta

la cuchara

cullera

la cuchara de té

cullereta

la servilleta

tovalló

el vaso

got

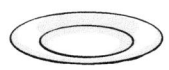

el plato

plat

el plato hondo

plat de sopa

el plato

plateret

la salsa

salsa

el salero

saler

el molino para pimienta

molinet de pebre

el vinagre

vinagre

el aceite

oli

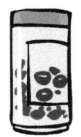 

las especias

espècies

el kétchup

quètxup

la mostaza

mostassa

la mayonesa

maionesa

el supermercado

supermercat

la oferta especial
oferta especial
FOR
el cliente
client
los productos lácteos
productes lactis
la fruta
fruites
el carrito para compras
carret de la compra

BUTCHERS

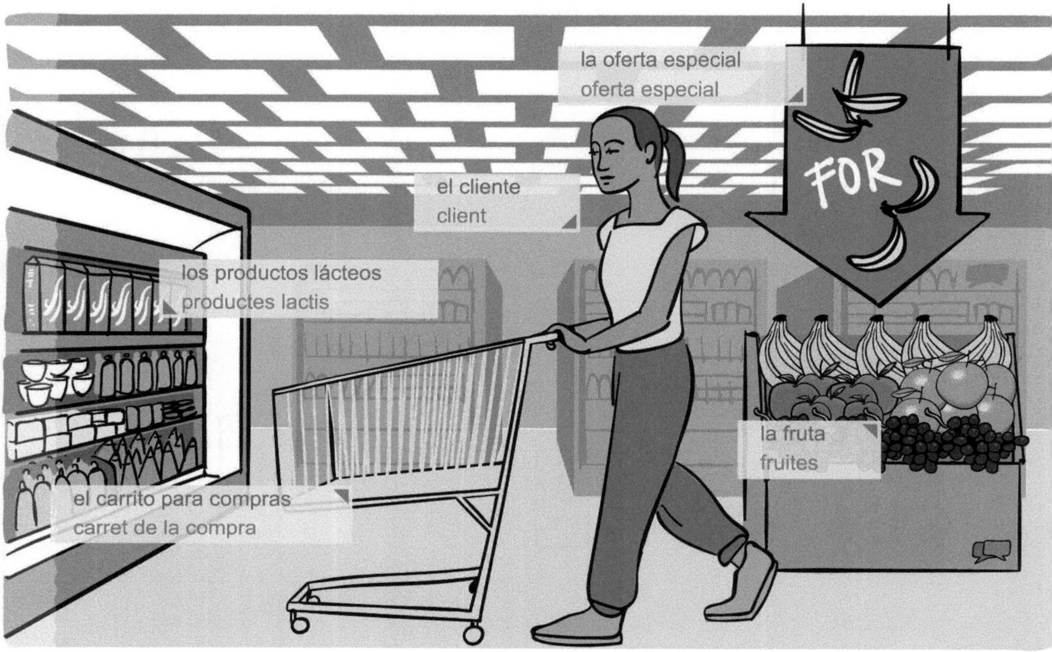

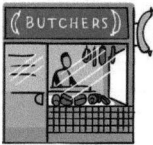

la carnicería

carnisseria

BAKERY

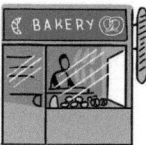

la panadería

forn de pa

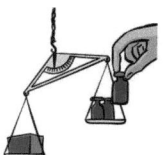

pesar

pesar

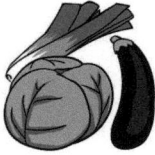

los vegetales

verdures

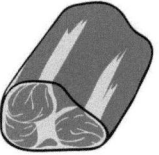

la carne

carn

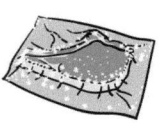

los alimentos congelados

menjar congelat

las carnes frías

carn freda

los alimentos enlatados

conserves

el detergente en polvo

detergent en pols

los dulces

dolços

los electrodomésticos

articles domèstics

productos de limpieza

productes de neteja

la vendedora

venedora

la caja

caixa registradora

el cajero

caixera

la lista de compras

llista de la compra

el horario de atención al público

horari d'obertura

la cartera

portamonedes

la tarjeta de crédito

carta de crèdit

la bolsa

bossa

la bolsa de plástico

bossa de plàstic

el agua

aigua

el jugo

suc

la leche

llet

el refresco de cola

coca-cola

el vino

vi

la cerveza

cervesa

el alcohol

alcohol

el cacao

cacau

el té

te

el café

cafè

el espresso

espresso

el cappuccino

cappuccino

el plátano

banana

la manzana

poma

la naranja

taronja

el melón

síndria

el limón

llimona

la zanahoria

pastanaga

el ajo

all

el bambú

bambú

la cebolla

ceba

el champiñón

bolet

las nueces

avellanes

los fideos

fideus

los espaguetis

espaguetis

el arroz

arròs

la ensalada

amanida

las patatas fritas

patates fregides

las patatas fritas

patates fregides

la pizza

pizza

la hamburguesa

hamburguesa

el emparedado

entrepà

el filete

escalopa

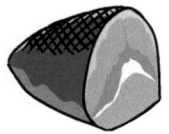

el jamón

cuixot

el salami

salami

la salchicha

salsitxa

el pollo

pollastre

el asado

rostit

el pescado

peix

los copos de avena

flocs de civada

el muesli

musli

los copos de maíz

cereals

la harina

farina

el cuernito

croissant

el bolillo

panet

el pan

pa

la tostada

torrada

las galletas

bescuits

la mantequilla

mantega

la cuajada

mató

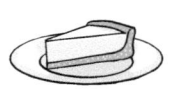

el pastel

pastís

el huevo

ou

el huevo frito

ou fregit

el queso

formatge

el helado

gelat

el azúcar

sucre

la miel

mel

la mermelada

melmelada

la crema de chocolate

crema de xocolata

el curry

curri

la comida - menjar

la granja
granja

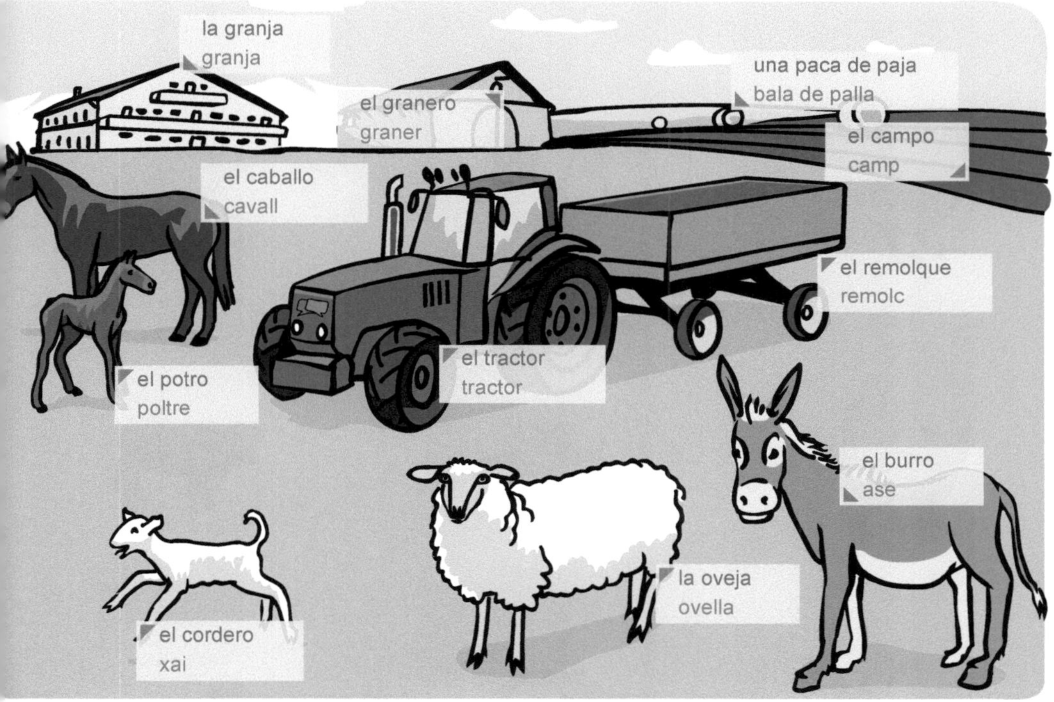

la granja
granja
el granero
graner
una paca de paja
bala de palla
el campo
camp
el caballo
cavall
el remolque
remolc
el tractor
tractor
el potro
poltre
el burro
ase
la oveja
ovella
el cordero
xai

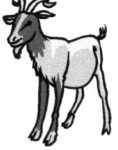

la cabra

cabra

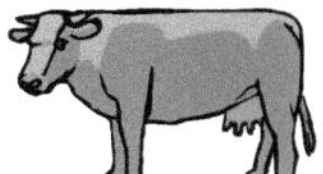

la vaca

vaca

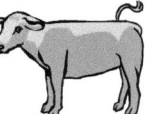

el ternero

vedella

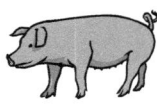

el cerdo

porc

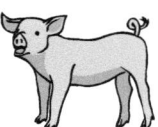

el lechón

garrí

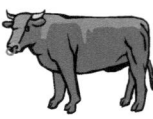

el toro

bou

el ganso

oca

el pato

ànec

el pollo

poll

la gallina

gall

el gallo

gallina

la rata

rata

el gato

gat

el ratón

ratolí

el buey

bou

el perro

gos

la casa del perro

gossera

la manguera

mànega de regar

la regadera

regadora

la guadaña

dalla

el arado

arada

la hoz

falç

el azadón

aixada

la horquilla

forca

el hacha

destral

la carretilla

carretó

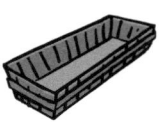

el bebedero

abeurador

el bote de leche

lletera

el saco

sac

la valla

tanca

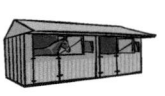

el establo

establa

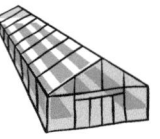

el invernadero

hivernacle

el suelo

sòl

la semilla

llavor

el fertilizador

adob

la cosechadora

collidora

cosechar

collir

la cosecha

collita

el camote

nyam

el trigo

blat

la soja

soja

la patata

patata

el maíz

blat de moro o d'indi

la semilla de colza

colza

el árbol frutal

arbre fruiter

la mandioca

mandioca

las cereales

cereals

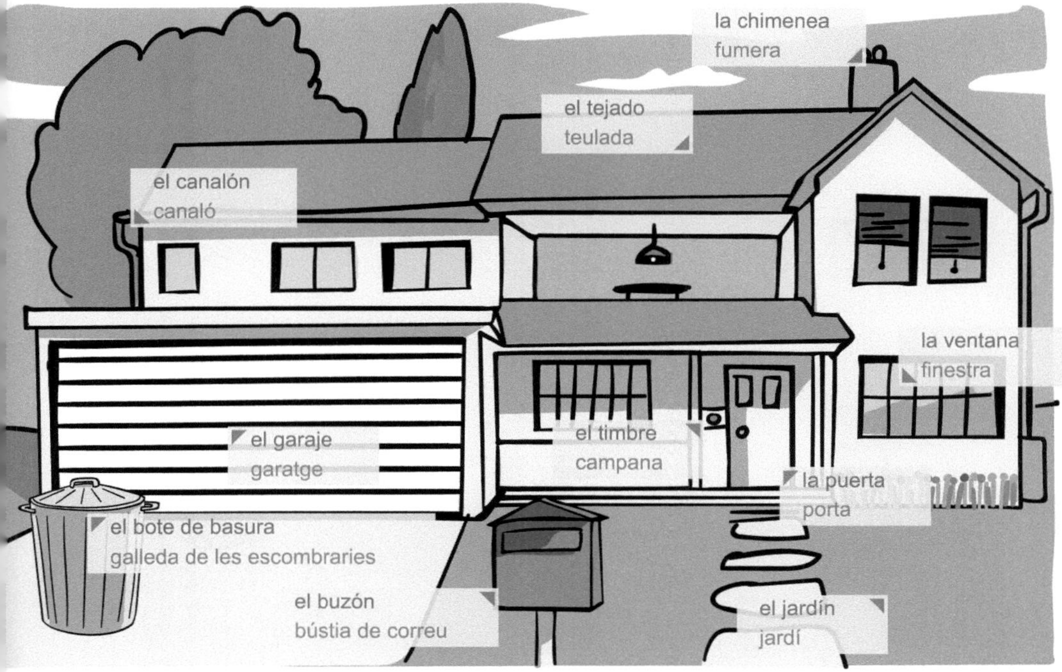

la chimenea
fumera

el tejado
teulada

el canalón
canaló

la ventana
finestra

el garaje
garatge

el timbre
campana

la puerta
porta

el bote de basura
galleda de les escombraries

el buzón
bústia de correu

el jardín
jardí

la estancia

sala d'estar

el baño

bany

la cocina

cuina

la recámara

cambra de dormir

la recámara de los niños

cambra de nen

el comedor

menjador

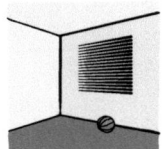

el suelo

sòl

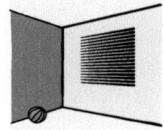

la pared

paret

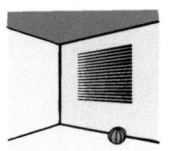

el techo

sostre

el sótano

soterrani

el sauna

sauna

el balcón

balcó

la terraza

terrassa

la alberca

piscina

el cortacésped

tallagespa

la sábana

vànova

la colcha

cobrellit

la cama

llit

la escoba

escombra

el balde

galleda

el interruptor

interruptor

la estancia

sala d'estar

el papel para empapelar
paper de paret
la imagen
quadre
la lámpara
làmpada
el estante
prestatge
la alacena
armari
la televisión
televisor
la chimenea
escalfapanxes
la flor
flor
el cojín
coixí
el sofá
sofà
el florero
gerro
el control remoto
telecomanda

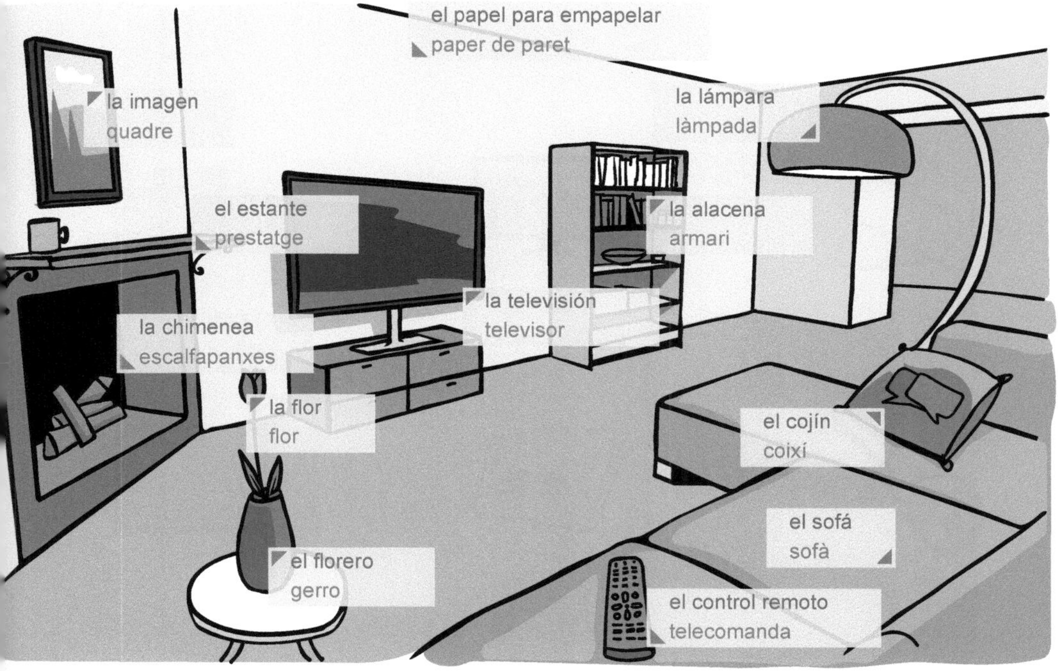

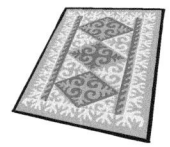

la alfombra

catifa

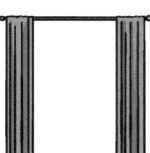

la cortina

cortina

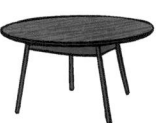

la mesa

taula

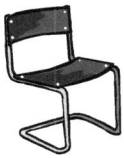

la silla

cadira

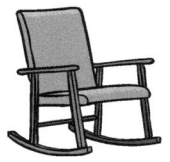

la mecedora

cadira gronxadora

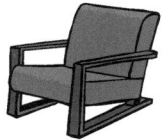

el sillón

cadiral

el libro

llibre

la frazada

llençol

la decoración

decoració

la leña

llenya

la película

film

el equipo de música

cadena de música

la llave

clau

el periódico

diari

la pintura

pintura

el póster

cartell

la radio

ràdio

el cuaderno

bloc de notes

la aspiradora

aspiradora

el cactus

cactus

la vela

candela

la cocina
cuina

el refrigerador
refrigerador
el microondas
microones
la báscula de cocina
balança de cuina
la tostadora
torradora
el detergente
detergent per a plats
el horno
forn
el congelador
congelador
el bote de basura
galleda de les escombraries
el lavavajillas
rentaplats

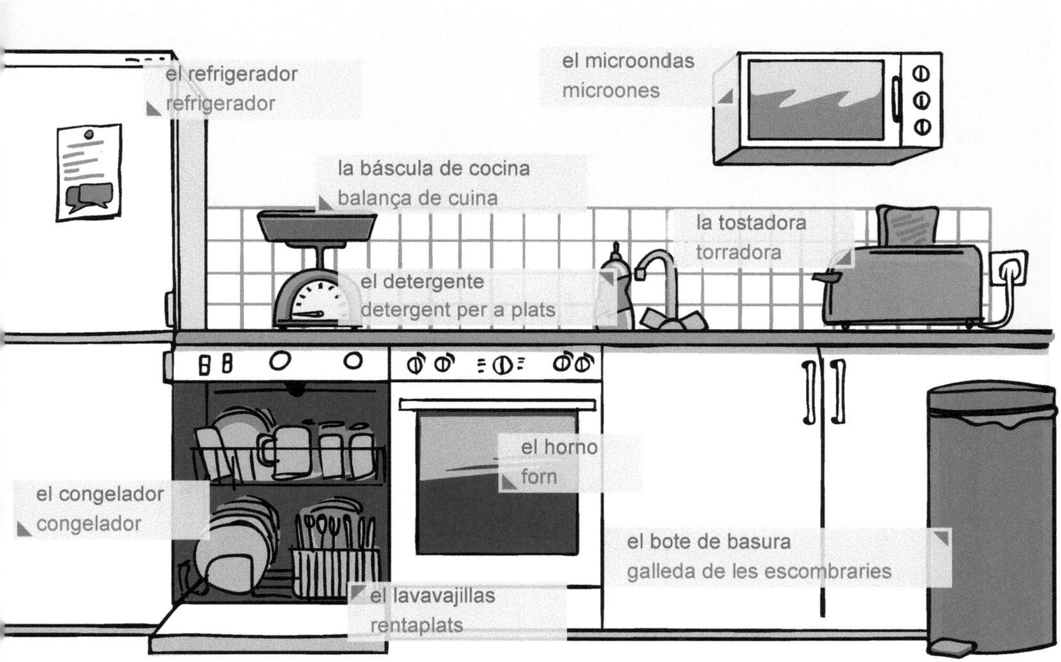

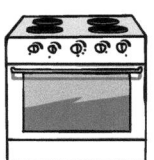

la olla a presión

cuina de fogons

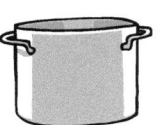

la olla

olla

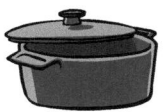

la olla de hierro fundido

olla de ferro colat

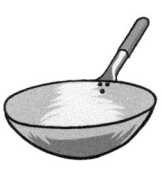

el wok

wok / karahi

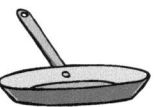

la sartén

paella

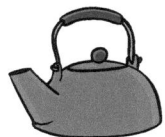

el hervidor

bullidor

la vaporera

olla de vapor

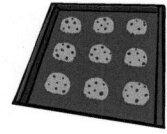

la charola de horno

plata de forn

la loza

vaixella

la taza

tassa grossa

el bol

bol

los palillos

bastonets xinesos

el cucharón

culler

la espátula

espàtula

la batidora

batedor

el colador

colador

el colador

sedàs

el rallador

ratllador

el mortero

morter

la barbacoa

barbacoa

la fogata

foc a terra

la tabla para picar

taula de tallar

el rodillo para amasar

corró

el sacacorchos

llevataps

la lata

pot de conserva

el abrelatas

obridor

el guante de cocina

agafador

el fregadero

aigüera

el cepillo

raspall

la esponja

esponja

la batidora

batedora

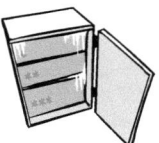

el congelador

congelador

el biberón

biberó

la llave

aixeta

el baño

bany

la calefacción
calefacció
la ducha
dutxa
la toalla
tovallola
la cortina de la ducha
cortina de dutxa
el baño de espuma
bany de bombolles
la tina
banyera
el vaso
got
la lavadora
rentadora
la llave
aixeta
las baldosas
rajoles
la bacinica
orinal
el fregadero
aigüera

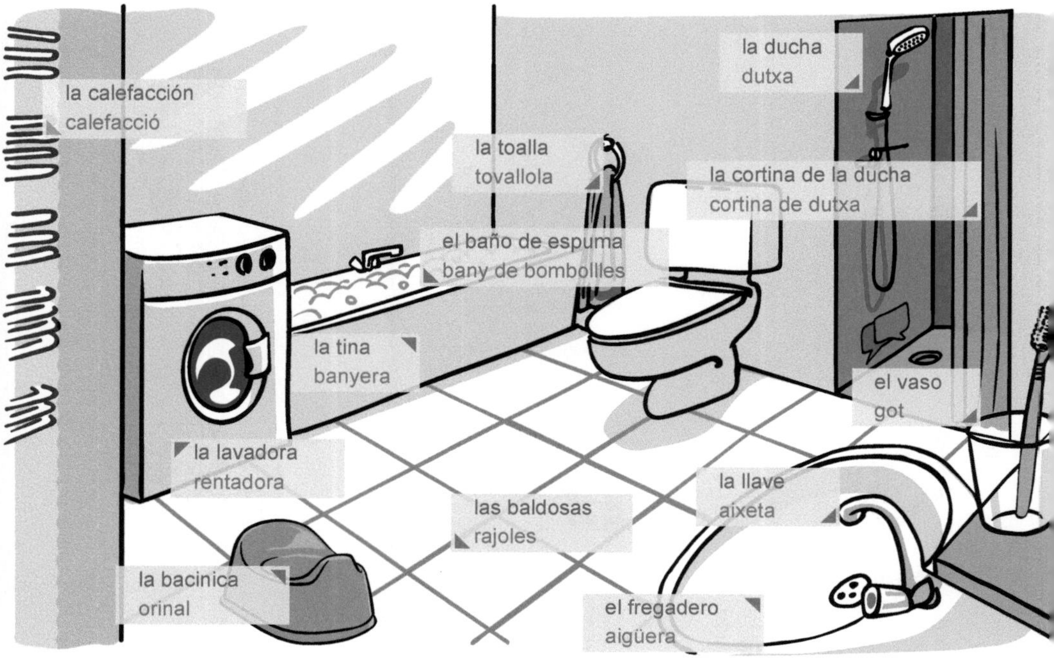

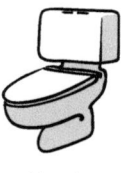

el inodoro

lavabo

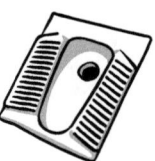

la letrina

lavabo turc

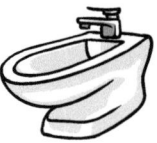

el bidé

bidet

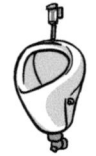

el mingitorio

orinador

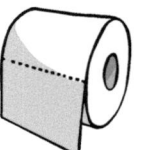

el papel higiénico

paper higiènic

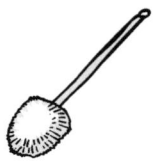

el cepillo para baño

escombreta de sanitari

el cepillo de dientes

raspall de dents

la pasta dental

pasta de dents

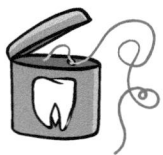

el hilo dental

fil dental

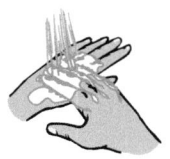

lavar

rentar

la ducha de mano

pom de dutxa

la ducha vaginal

dutxa íntima

el fregadero

rentamans

el cepillo de espalda

raspall per a l'esquena

el jabón

sabó

el gel de ducha

gel de dutxa

el champú

xampú

la toallita

manyopla de bany

el drenaje

bonera

la crema

crema

el desodorante

desodorant

el espejo

mirall

el espejo de tocador

mirall-espill de mà

la máquina para afeitar

maquineta de rasar

la espuma de afeitar

espuma de barbejar

la loción para después de afeitar

loció post-rasada

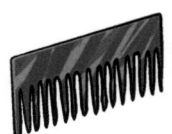

el peine

pinta

el cepillo

raspall

la secadora

eixugador

la laca

laca

el maquillaje

maquillatge

el lápiz labial

pintallavis

el esmalte para uñas

esmalt d'ungles

el algodón

cotó

las tijeras para uñas

tallaungles

el perfume

perfum

el estuche para cosméticos

estoig de bellesa

el taburete

tamboret

la báscula

bàscula

la bata

barnús

los guantes de goma

guants de goma

el tampón

compresa higiènica

la toalla sanitaria

compresa

el baño móvil

sanitari químic

la recámara de los niños

cambra de nen

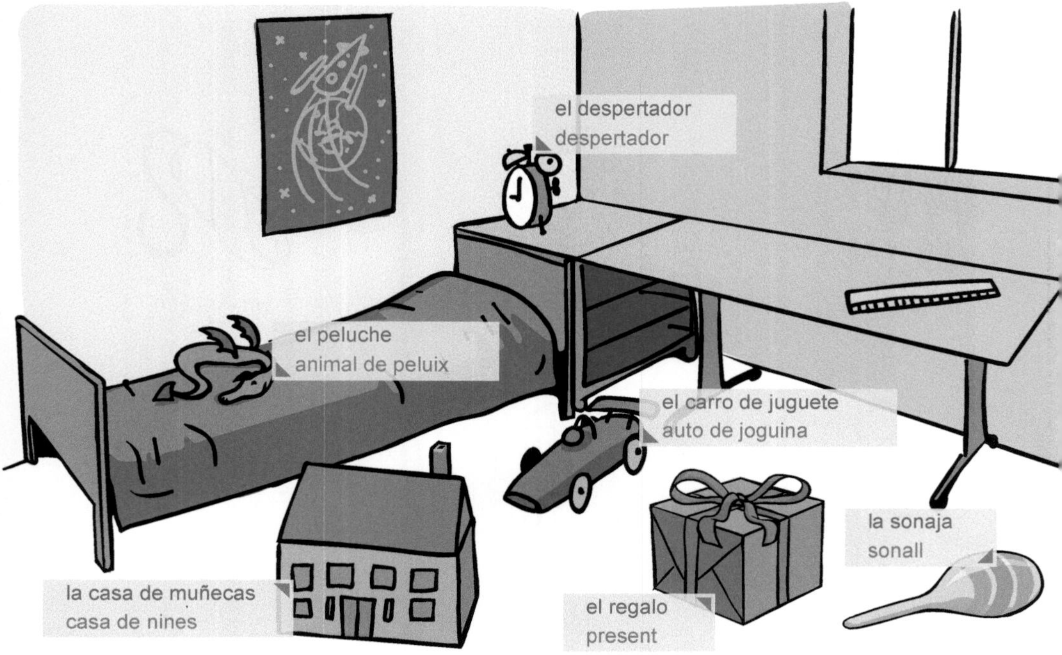

el despertador
despertador
el peluche
animal de peluix
el carro de juguete
auto de joguina
la sonaja
sonall
la casa de muñecas
casa de nines
el regalo
present

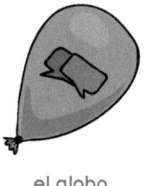

el globo

baló

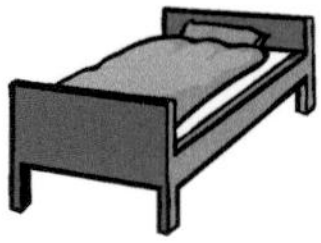

la cama

llit

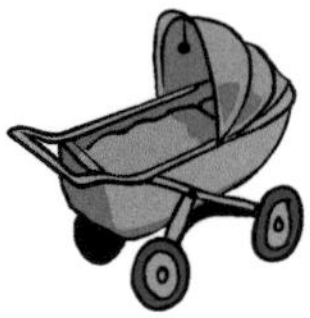

la carriola

cotxet per a nens

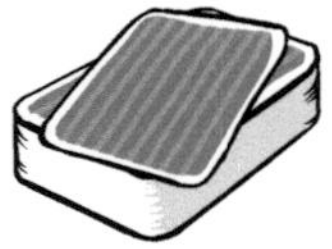

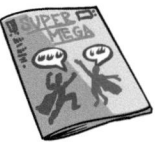

las cartas

joc de cartes

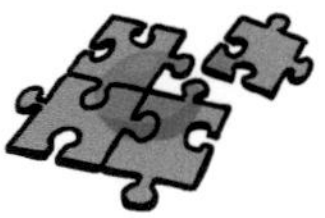

el rompecabezas

trencaclosca

SUPER MEGA

el cómic

historieta

las piezas de lego

peces de lego

los bloques para jugar

peces de construcció

la figura de acción

ninot d'acció

el mameluco

granota

el frisbee

frisbee

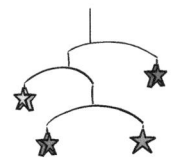

el móvil para bebés

mòbil per a bressol

el juego de mesa

joc de taula

los dados

daus

el tren eléctrico

tren elèctric

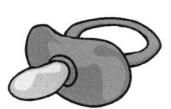

el maniquí

xumet

la fiesta

festa

el álbum de fotos

llibre de dibuixos

el balón

pilota

la muñeca

nina

jugar

jugar

el arenero

sorrera

el columpio

gronxador

los juguetes

joguines

la consola de videojuegos

consola de jocs de vídeo

el triciclo

tricicle

el oso de peluche

osset de peluix

el clóset

armari

la ropa
roba

los calcetines

mitjons

las pantimedias

mitges

las mallas

mitja pantaló

la bufanda
tapacoll

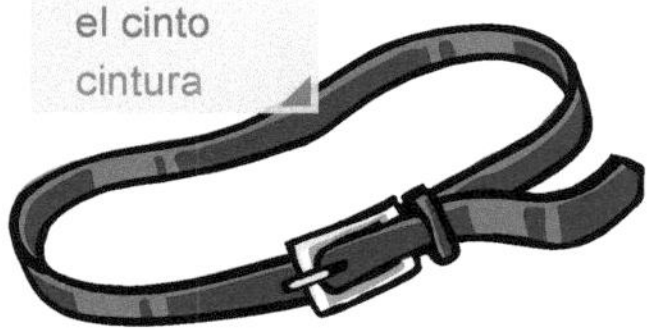

el cinto
cintura

el paraguas
paraigua

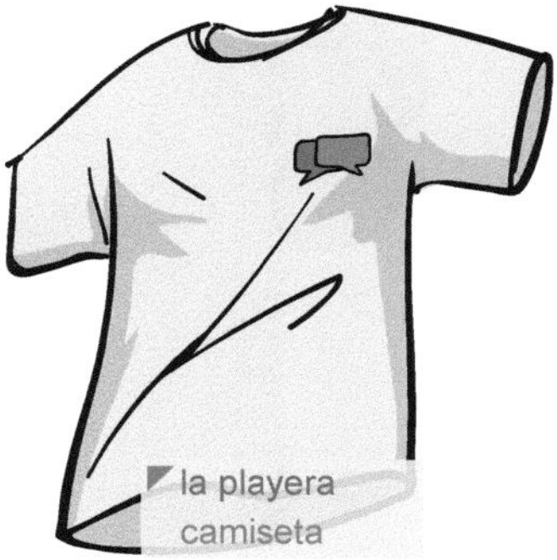

la playera
camiseta

los tenis
sabates d'esport

las botas
botes

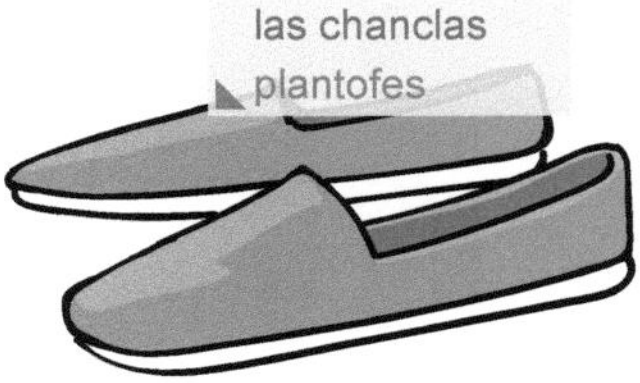

las chanclas
plantofes

las sandalias
sandàlies

los zapatos
sabates

las botas de goma
botes de goma

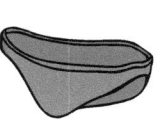

la ropa interior
calçonets

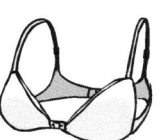

el brasier
sostenidor

el chaleco
guardapits

el body

jjustacòs

los pantalones

pantalons

los pantalones de mezclilla

jeans

la falda

faldeta

la blusa

brusa

la camisa

camisa

el suéter

jersei

la sudadera

dessuadora

el saco sport

blazer

la chamarra

jaqueta

el abrigo

mantell

el impermeable

impermeable

el traje

vestit de dona

el vestido

vestit de dona

el vestido de novia

vestit de núvia

el traje

vestit d'home

el camisón

camisa de dormir

el pijama

pijama

el sari

sari

el pañuelo para la cabeza

mocador de cap

el turbante

turbant

la burka

burca

el caftán

caftan

la abaya

abaia

el traje de baño

vestit de bany

el short de baño

calçon(et)s de bany

los shorts

pantalons curts

los pants

xandall

el delantal

davantal

los guantes

guants

el botón

botó

las gafas

ulleres

el brazalete

braçalet

el collar

collaret

el anillo

anell

el arete

orellera

la gorra

casquet

el gancho

penjador

el sombrero

capell

la corbata

corbata

el cierre

cremallera

el casco

casc

los tirantes

elàstics

el uniforme

uniforme escolar

el uniforme

uniforme

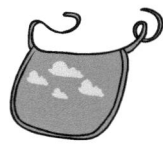

el babero

pitet

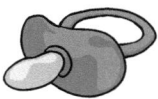

el maniquí

xumet

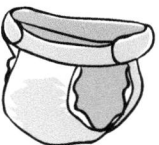

el pañal

bolquer

la oficina
oficina

el servidor
servidor
el archivo
armari arxivador
la impresora
impressora
el papel
paper
el monitor
monitor
el mouse
ratolí
el escritorio
escriptori
la carpeta
arxivador
el teclado
teclat
el bote de basura
paperera
la computadora
ordinador
la silla
cadira

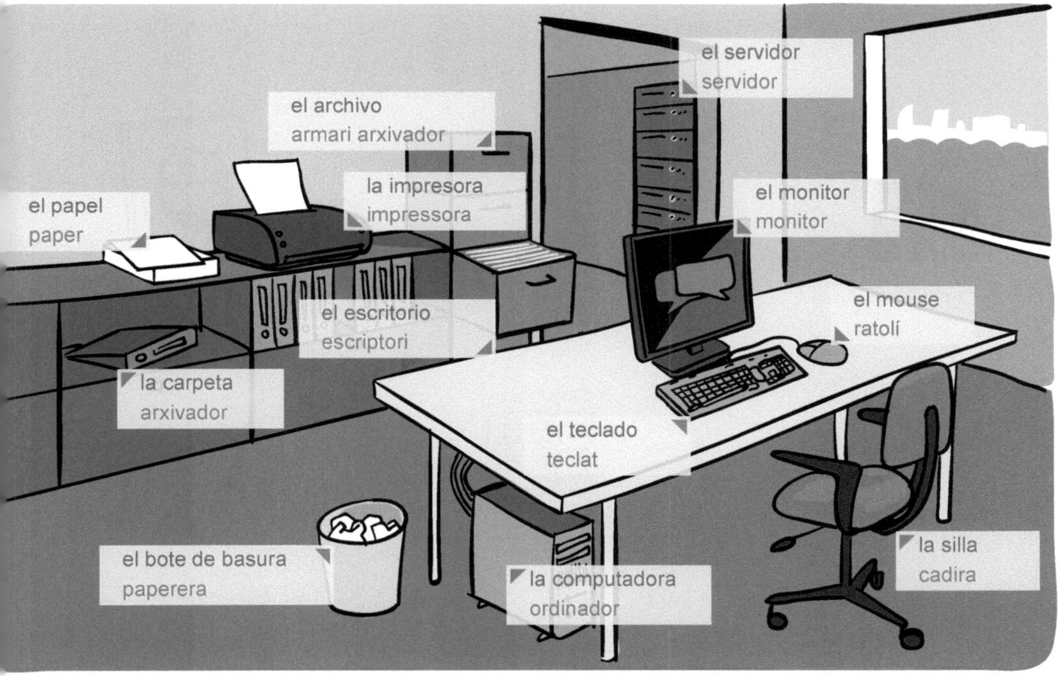

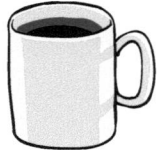

la taza de café

tassa de cafè

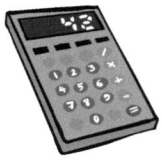

la calculadora

calculadora

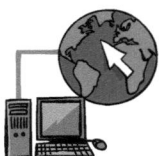

el internet

Internet

la notebook

ordinador portàtil

la carta

lletra

el mensaje

missatge

el móvil

mòbil

la red

xarxa

la fotocopiadora

fotocopiadora

el software

programari

el teléfono

telèfon

el tomacorriente

presa de corrent

el fax

fax

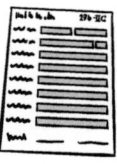

el formulario

formulari

el documento

document

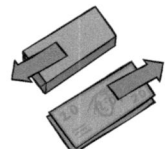

comprar
comprar

pagar
pagar

hacer negocios
comerciar

el dinero
diners

el dólar
dòlar

el euro
euro

el yen
ien

el rublo
ruble

el franco suizo
franc suís

el yuan
renminbi

la rupia
rupia

el cajero automático
caixa automàtica

la casa de cambio

oficina de canvi

el oro

or

la plata

argent

el petróleo

petroli

la energía

energia

el precio

preu

el contrato

contracte

el impuesto

impost

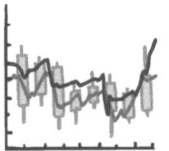

la acción

acció

trabajar

treballar

el empleado

treballador

el empleador

empresari

la fábrica

fàbrica

la tienda

botiga

las ocupaciones
oficis

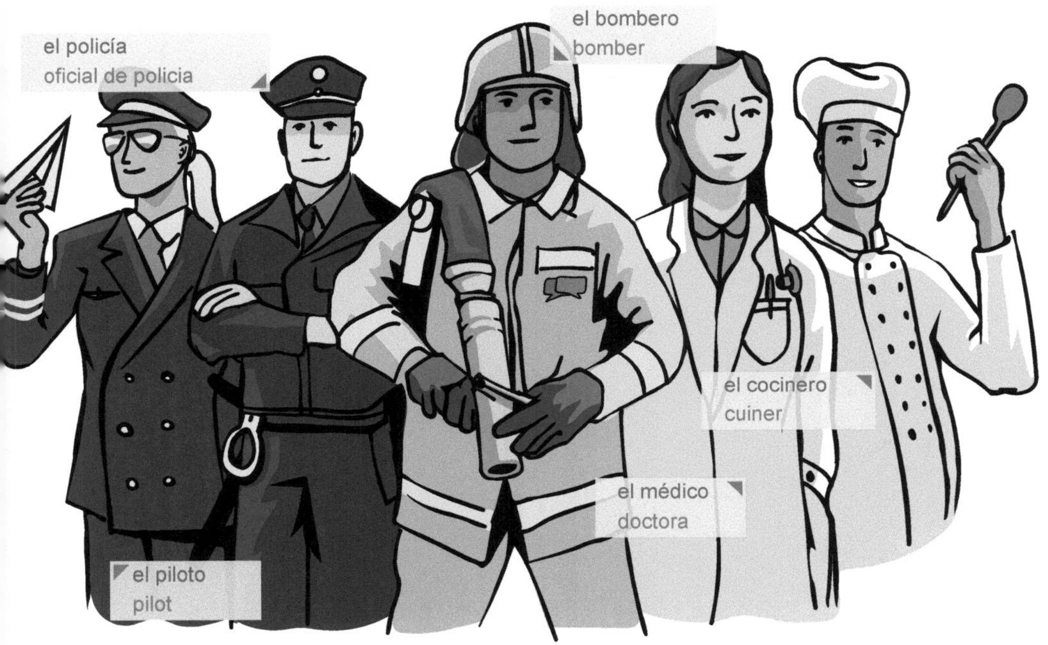
el policía
oficial de policia
el bombero
bomber
el cocinero
cuiner
el médico
doctora
el piloto
pilot

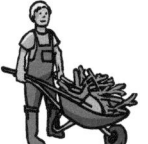

el jardinero

jardiner

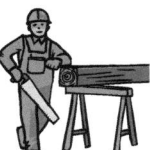

el carpintero

fuster

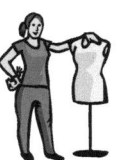

la costurera

costurera

el juez

jutge

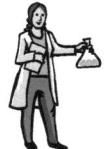

el farmacéutico

química

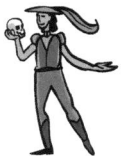

el actor

actor

el conductor de autobús

conductor d'autobús

el taxista

taxista

el pescador

pescador

la señora de la limpieza

dona de la neteja

el instalador de techos

ensostrador

el camarero

cambrer

el cazador

caçador

el pintor

pintor

el panadero

forner

el electricista

electricista

el obrero

obrer de la construcció

el ingeniero

enginyer

el carnicero

carnisser

el plomero

llanterner

el cartero

correu

el soldado

soldat

el arquitecto

arquitecte

el cajero

caixera

el florista

florista

el peluquero

perruquer

el cobrador

revisor

el mecánico

mecànic

el capitán

capità

el dentista

dentista

el científico

científic

el rabino

rabí

el imán

imam

el monje

monjo

el sacerdote

capellà

las herramientas
eines

la pinza
tenalles
el martillo
martell
el desarmador
descaragolador
la linterna
llanterna
la llave
clau anglesa

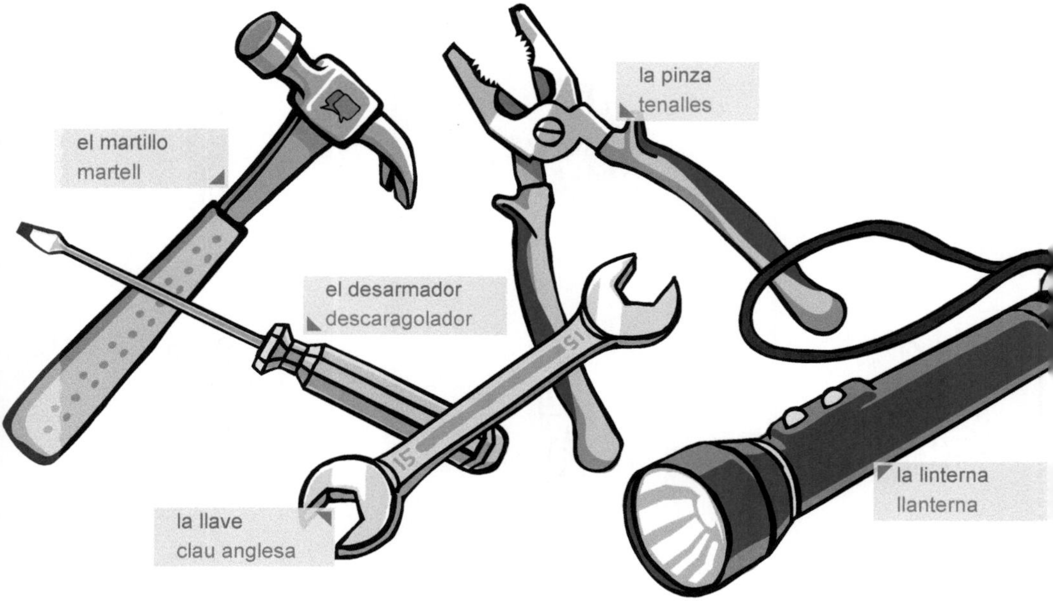

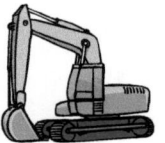

la excavadora

excavadora

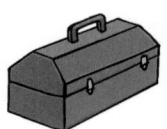

la caja de herramientas

caixa d'eines

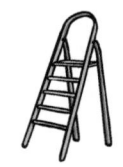

la escalera de mano

escala

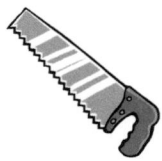

la sierra

serra

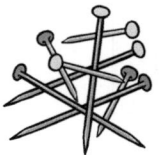

los clavos

claus

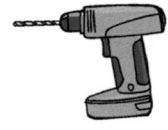

el taladro

trepant

reparar
reparar

la pala
pala

¡Maldición!
Maleït siga!

el recogedor
pala

el bote de pintura
pot de pintura

los tornillos
caragols

los instrumentos musicales
instrument de música

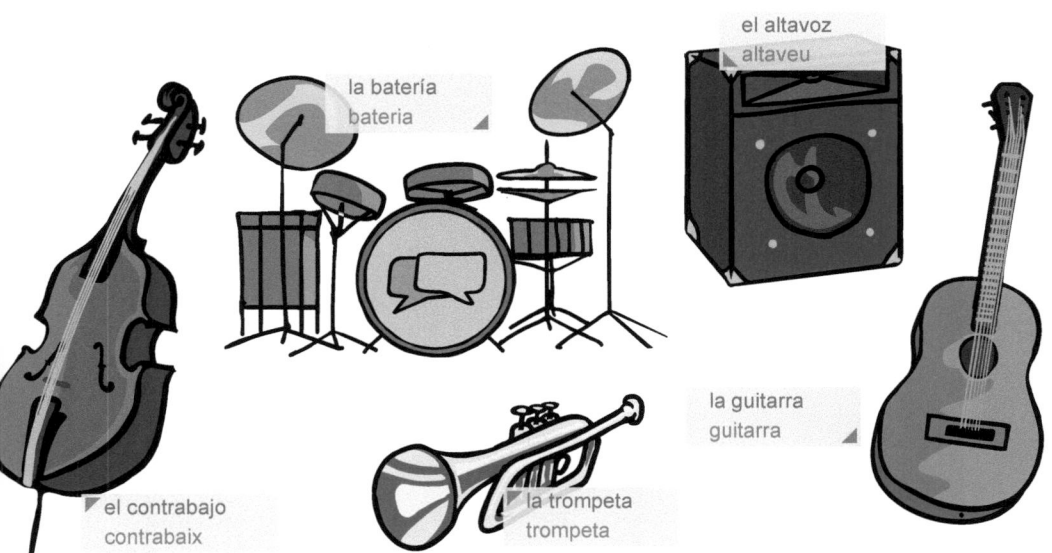

la batería
bateria

el altavoz
altaveu

la guitarra
guitarra

el contrabajo
contrabaix

la trompeta
trompeta

el piano

piano

el violín

violí

el bajo

baix

los timbales

timbal

el tambor

tambor

el teclado

teclat

el saxofón

saxofon

la flauta

flauta

el micrófono

micròfon

el zoológico

zoo

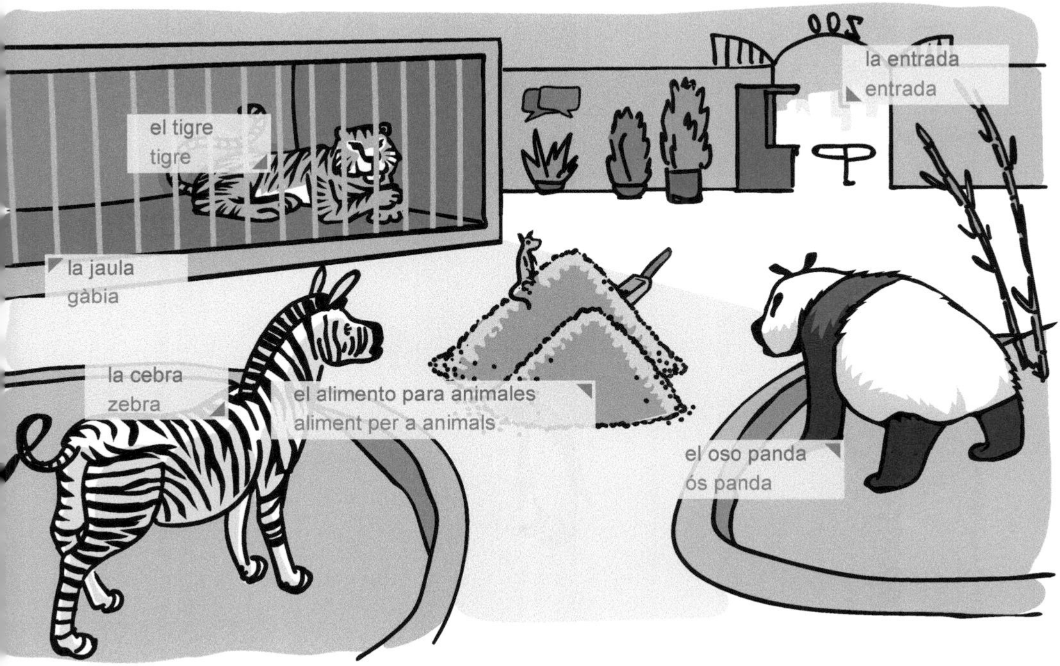

la entrada
entrada
el tigre
tigre
la jaula
gàbia
la cebra
zebra
el alimento para animales
aliment per a animals
el oso panda
ós panda

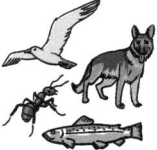

los animales

animals

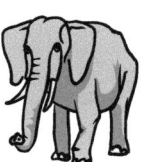

el elefante

elefant

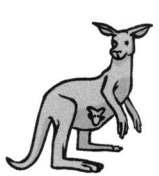

el canguro

cangurú

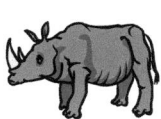

el rinoceronte

rinoceront

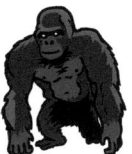

el gorila

goril·la

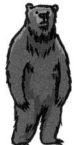

el oso

ós

el camello

camell

el avestruz

estruç

el león

lleó

el mono

simi

el flamenco

flamenc

el loro

papagai

el oso polar

ós polar

el pingüino

pingüí

el tiburón

ca mari

el pavo real

paó

la serpiente

serp

el cocodrilo

cocodril

el guardián de zoológico

guardià del zoo

la foca

foca

el jaguar

jaguar

el poni

poni

el leopardo

lleopard

el hipopótamo

hipopòtam

la jirafa

girafa

el águila

àliga

el jabalí

senglar

el pescado

peix

la tortuga

tortuga

la morsa

morsa

el zorro

guineu

la gacela

gasela

el zoológico - zoo

el fútbol americano
futbol americà

el ciclismo
ciclisme

el tenis
tenis

el baloncesto
bàsquet

la natación
natació

el hockey sobre hielo
hoquei sobre gel

el boxeo
boxa

el fútbol
....
futbol americà

el bádminton
....
bàdminton

el atletismo
....
atletisme

el handball
....
handbol

el esquí
....
esquí

el polo
....
polo

las actividades
activitats

saltar
saltar
abrazar
abraçar
reír
riure
caminar
anar
cantar
cantar
soñar
somiar
rezar
pregar
besar
fer un petó

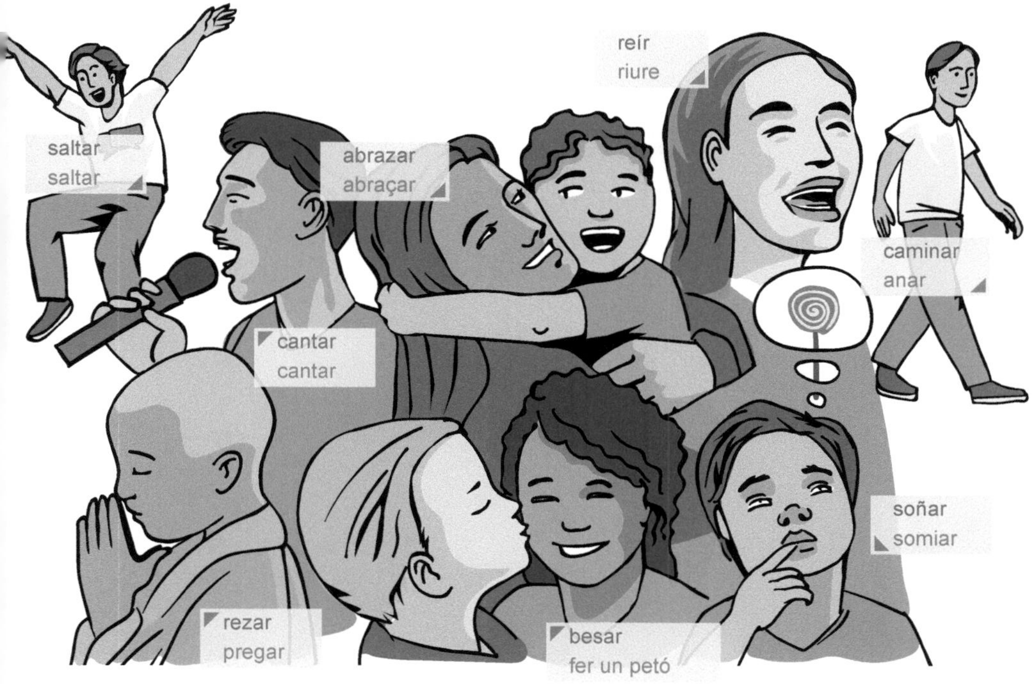

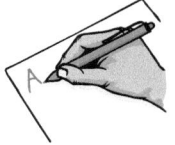

escribir
escriure

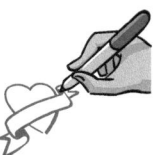

dibujar
dibuixar

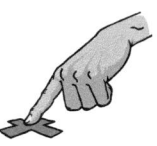

mostrar
mostrar

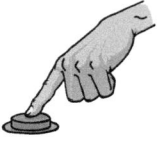

empujar
pitjar

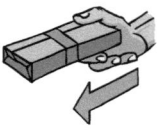

dar
donar

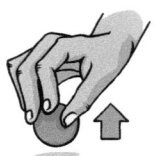

tomar
prendre

tener
tenir

hacer
fer

ser
ésser

estar parado
estar dret

correr
córrer

jalar
estirar

arrojar
llançar

caer
caure

estar acostado
jeure

esperar
esperar

llevar
portar

estar sentado
asseure's

vestirse
vestir-se

dormir
dormir

despertar
despertar-se

mirar

mirar

llorar

plorar

acariciar

amoixar

peinar

pentinar

hablar

parlar

entender

comprendre

preguntar

demanar

escuchar

escoltar

beber

beure

comer

menjar

ordenar

endreçar

amar

estimar

cocinar

cuinar

conducir

conduir

volar

volar

navegar

navegar

calcular

calcular

leer

llegir

aprender

aprendre

trabajar

treballar

casarse

casar-se

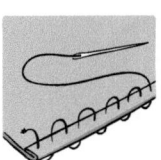

coser

cosir

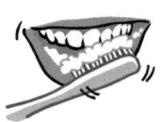

cepillarse los dientes

raspallar-se les dents

matar

matar

fumar

fumar

enviar

enviar

la abuela
àvia

el abuelo
avi

el padre
pare

la madre
mare

el bebé
nadó

la hija
filla

el hijo
fill

el invitado

convidat

la tía

tia

el tío

oncle

el hermano

germà

la hermana

germana

el cuerpo

cos

la frente
front
el ojo
ull
el hombro
espatlla
el dedo
dit
la cara
cara
la barbilla
barbeta
la mano
mà
la pierna
cama
el pecho
pit
el brazo
braç

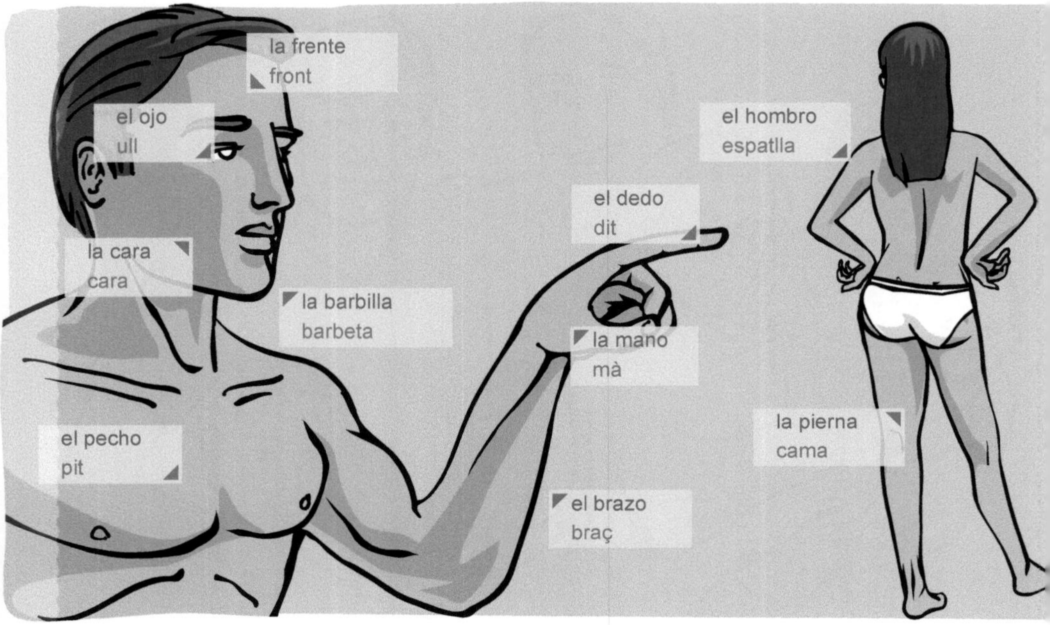

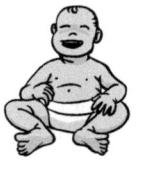

el bebé

nadó

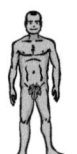

el hombre

home

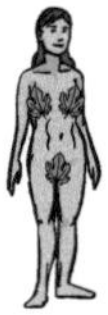

la mujer

dona

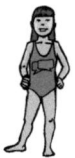

la niña

noia

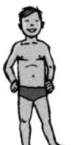

el niño

noi

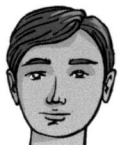

la cabeza

cap

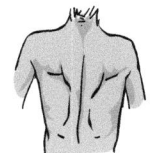

la espalda

esquena

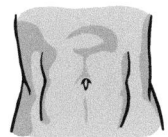

la barriga

panxa

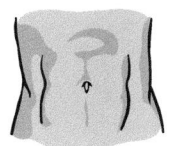

el ombligo

melic

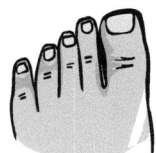

el dedo del pie

dit gros del peu

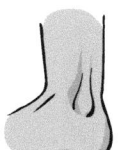

el talón

taló

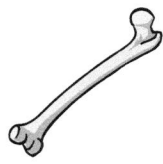

el hueso

os

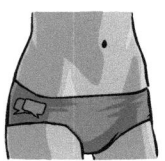

la cadera

maluc

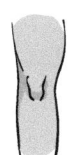

la rodilla

genoll

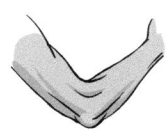

el codo

colze

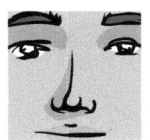

la nariz

nas

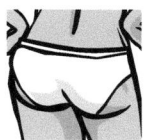

las pompis

cul

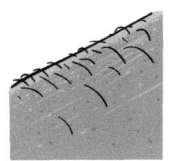

la piel

pell

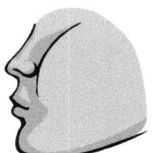

la mejilla

galta

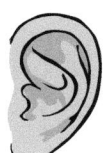

el oído

orella

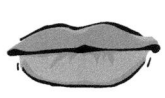

el labio

llavi

la boca

boca

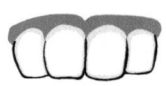

el diente

dent

la lengua

llengua

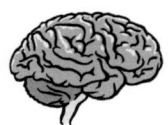

el cerebro

cervell

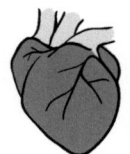

el corazón

cor

el músculo

múscul

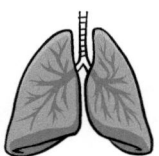

el pulmón

pulmó

el hígado

fetge

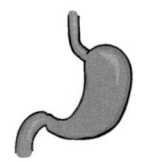

el estómago

estómac

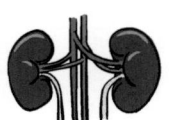

los riñones

ronyó

el sexo

relació sexual

el condón

preservatiu

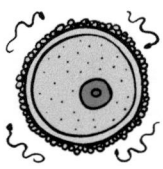

el óvulo

ovari

el semen

semen

el embarazo

prenyat

el cuerpo - cos

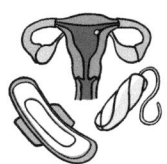

la menstruación

menstruació

la vagina

vagina

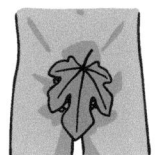

el pene

penis

la ceja

cella

el cabello

cabells

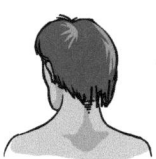

el cuello

coll

el hospital
hospital

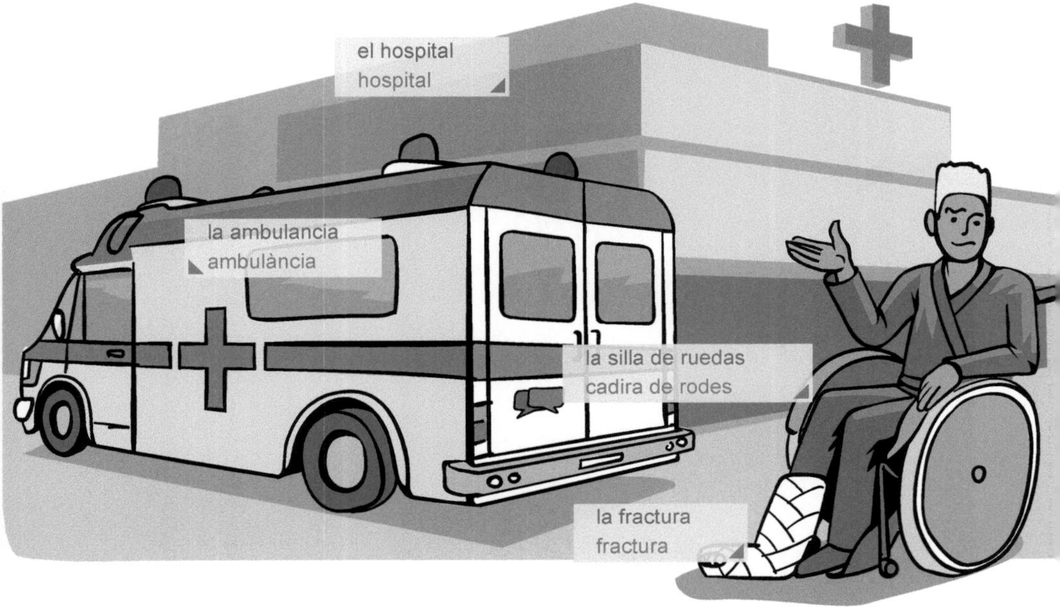

el hospital
hospital
la ambulancia
ambulància
la silla de ruedas
cadira de rodes
la fractura
fractura

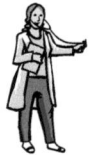

el médico

doctora

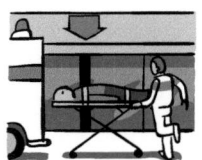

la sala de emergencias

sala d'urgències

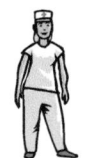

la enfermera

infermera

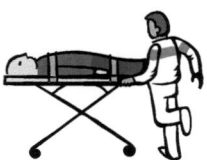

la emergencia

urgència

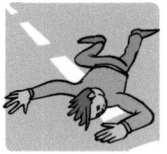

inconsciente

inconscient

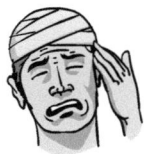

el dolor

dolor

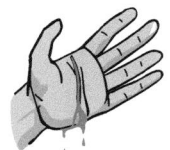

la lesión

ferida

la hemorragia

sagnament

el infarto

atac de cor

el accidente
cerebrovascular

apoplexia

la alergia

al·lèrgia

la tos

tos

la fiebre

febre

la gripa

gripa

la diarrea

diarrea

el dolor de cabeza

mal de cap

el cáncer

càncer

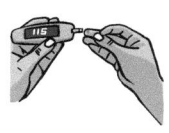

la diabetes

diabetis

el cirujano

cirurgià

el bisturí

escalpel

la operación

operació

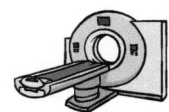

TC

tomografia computada (TC), TAC

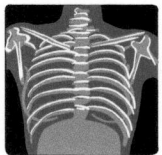

los rayos x

raigs x

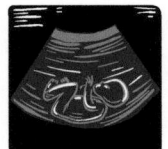

el ultrasonido

ultrasò

la mascarilla

mascareta

la enfermedad

malaltia

la sala de espera

sala d'espera

la muleta

crossa

la vendita

tireta

el vendaje

embenat

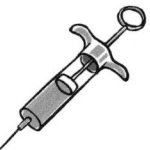

la inyección

injecció

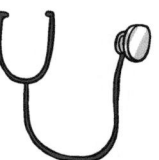

el estetoscopio

estetoscopi

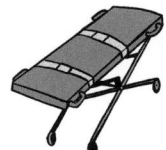

la camilla

llitera

el termómetro

termòmetre clínic

el nacimiento

pariment

el sobrepeso

sobrepès

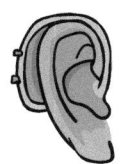

el audífono

aparell auditiu

el desinfectante

desinfectant

la infección

infecció

el virus

virus

VIH / SIDA

VIH / SIDA

la medicina

medicina

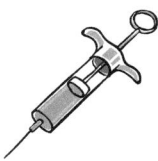

la vacunación

vaccí

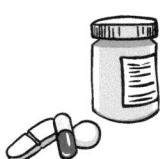

las tabletas

comprimits

la pastilla anticonceptiva

píl·lola

la llamada de emergencia

trucada d'urgència

el medidor de presión

tensiòmetre

enfermo / sano

malalt / sà

¡Socorro!

Socors!

la alarma

alarma

la agresión

assalt

el ataque

atac

el peligro

perill

la salida de emergencia

sortida-eixida d'urgència

¡Fuego!

Foc!

el extintor de incendios

extintor

el accidente

accident

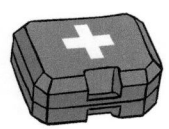

el botiquín de primeros auxilios

farmaciola de primers auxilis

SOS

SOS

la policía

policia

Europa

Europa

Norteamérica

Amèrica del Nord

Sudamérica

Amèrica del Sud

África

Àfrica

Asia

Àsia

Australia

Austràlia

el Atlántico

Atlàntic

el Pacífico

Pacífic

el Océano Índico

Oceà Índic

el Océano Antártico

Oceà Antàrtic

el Océano Ártico

Oceà Àrtic

el polo norte

pol nord

el polo sur

pol sud

la Antártida

Antàrtida

la tierra

terra

la tierra

país

el mar

mar

la isla

illa

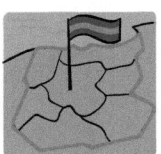

la nación

nació

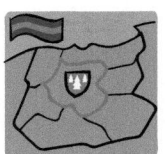

el estado

estat

la esfera

quadrant

la manecilla de las horas

agulla de les hores

el minutero

agulla dels minuts

el segundero

agulla dels segons

¿Qué hora es?

Quina hora és?

el día

dia

la hora

temps

ahora

ara

el reloj digital

rellotge digital

el minuto

minut

la hora

hora

la semana

setmana

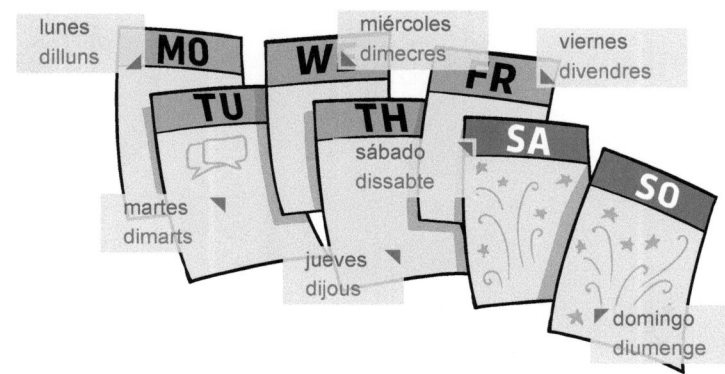

lunes / dilluns
martes / dimarts
miércoles / dimecres
jueves / dijous
viernes / divendres
sábado / dissabte
domingo / diumenge

ayer
....
ahir

hoy
....
avui

mañana
....
demà

la mañana
....
matí

el mediodía
....
migdia

la tarde
....
tarda

los días laborables
....
dia feiner

el fin de semana
....
cap de setmana

el año
any

la lluvia
pluja
el arco iris
arc de Sant Martí
la nieve
neu
el viento
vent
la primavera
primavera
el otoño
tardor
el verano
estiu
el invierno
hivern

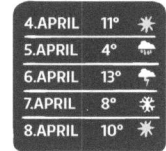

4.APRIL 11°
5.APRIL 4°
6.APRIL 13°
7.APRIL 8°
8.APRIL 10°

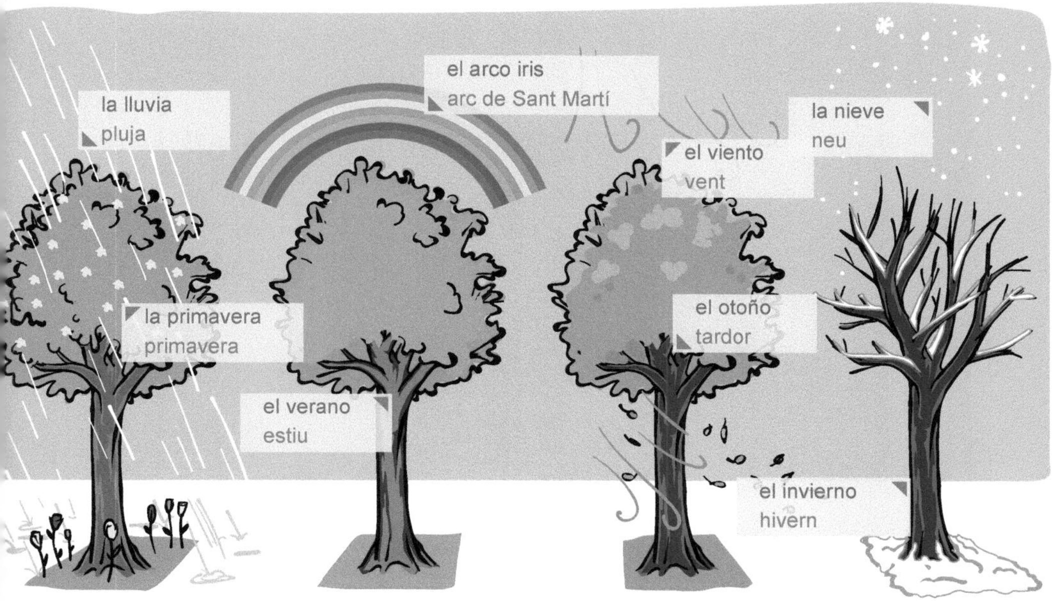

el pronóstico del tiempo

pronòstic del temps

F C
120 90 60 30 0 -30
40 30 20 10 0 -10 -20

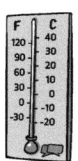

el termómetro

termòmetre

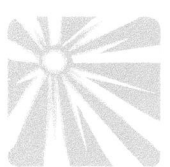

el sol

llum del sol

la nube

núvol

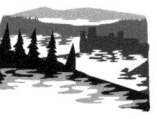

la niebla

boira

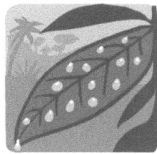

la humedad

humiditat de l'aire

el rayo

llamp

el trueno

tro

la tormenta

tempesta

el granizo

calamarsa

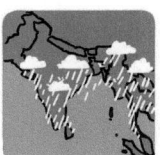

el monzón

monsó

la inundación

inundació

el hielo

gel

enero

gener

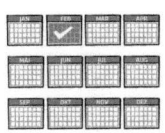

febrero

febrer

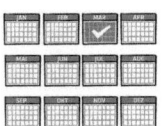

marzo

març

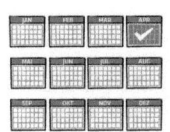

abril

abril

mayo

maig

junio

juny

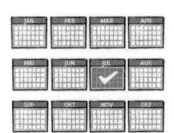

julio

juliol

agosto

agost

septiembre

setembre

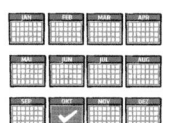

octubre

octubre

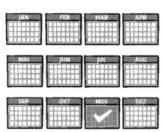

noviembre

novembre

diciembre

desembre

---

las formas
formes

el círculo

cercle

el cuadrado

quadrat

el rectángulo

rectangle

el triángulo

triangle

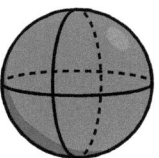

la esfera

esfera

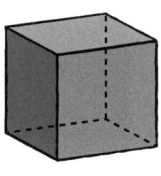

el cubo

cub

colores
colors

blanco
....
blanc

amarillo
....
groc

naranja
....
taronja

rosa
....
rosa

rojo
....
vermell

morado
....
lila

azul
....
blau

verde
....
verd

marrón
....
marró

gris
....
gris

negro
....
negre

mucho / poco

molt / poc

enojado / tranquilo

emprenyat / tranquil

bonito / feo

bonic / lleig

principio / fin

començament / fi

grande / pequeño

gran / petit

claro / oscuro

clar / fosc

el hermano / la hermana

germà / germana

limpio / sucio

net / brut

completo / incompleto

complet / incomplet

el día / la noche

dia / nit

muerto / vivo

mort / viu

ancho / angosto

ample / estret

comestible / no comestible

comestible / immenjable

malo / amable

dolent / amable

entusiasmado / aburrido

entusiasmat / entediat

gordo / delgado

gros / prim

primero / último

primer / darrer

el amigo / el enemigo

amic / enemic

lleno / vacío

ple / buit

duro / blando

dur / tou

pesado / ligero

pesant / lleuger

el hambre / la sed

gana / set

enfermo / sano

malalt / sà

ilegal / legal

il·legal / legal

inteligente / tonto

intel·ligent / ximple

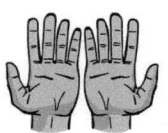

izquierda / derecha

esquerra / dreta

cerca / lejos

prop / llunyà

nuevo / usado

nou / usat

nada / algo

res / quelcom

viejo / joven

vell / jove

encendido / apagado

encès / apagat

abierto / cerrado

obert / tancat

silencioso / ruidoso

silenciós / sorollós

rico / pobre

ric / pobre

correcto / incorrecto

correcte / incorrecte

áspero / suave

aspre / suau

triste / contento

trist / content

corto / largo

curt / llarg

lento / rápido

lent / ràpid

húmedo / seco

humit / sec - eixut

caliente / frío

calent / fred

guerra / paz

guerra / pau

0

cero
zero

1

uno
u

2

dos
dos

3

tres
tres

4

cuatro
quatre

5

cinco
cinc

6

seis
sis

7

siete
set

8

ocho
vuit

9

nueve
nou

10

diez
deu

11

once
onze

12

doce

dotze

13

trece

tretze

14

catorce

catorze

15

quince

quinze

16

dieciséis

setze

17

diecisiete

disset

18

dieciocho

divuit

19

diecinueve

dinou

20

veinte

vint

100

cien

cent

1.000

mil

mil

1.000.000

el millón

milió

los números - nombres

el inglés

anglès

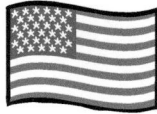

el inglés americano

anglès americà

el chino mandarín

xinès mandarí

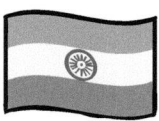

el hindi

hindi

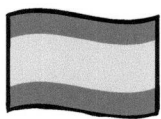

el español

espanyol

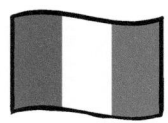

el francés

francès

el árabe

àrab

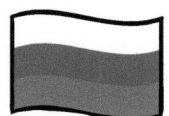

el ruso

rus

el portugués

portuguès

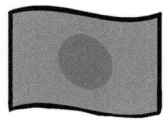

el bengalí

bengalí

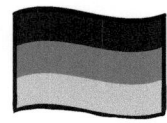

el alemán

alemany

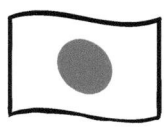

el japonés

japonès

yo

jo

tú

tu

él / ella

ell / ella / allò

nosotros

nosaltres

vosotros

vosaltres

ellos

ells

¿quién?

qui?

¿qué?

què?

¿cómo?

com?

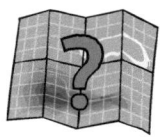

¿dónde?

on?

¿cuándo?

quan?

el nombre

nom

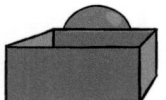

detrás

darrere

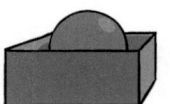

en

en

delante de

davant de

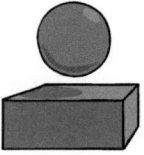

por encima de

damunt

sobre

sobre

debajo de

sota

junto a

al costat

entre

entre

el lugar

lloc